молодша веселка

ЗАБАРВЛЕННЯ КОТІВ

Знайомство з кольорами для молоді

BY RAINBOW ROY

ЗАБАРВЛЕННЯ КОТІВ

Веселка
наповнена
всілякими
кольорами.

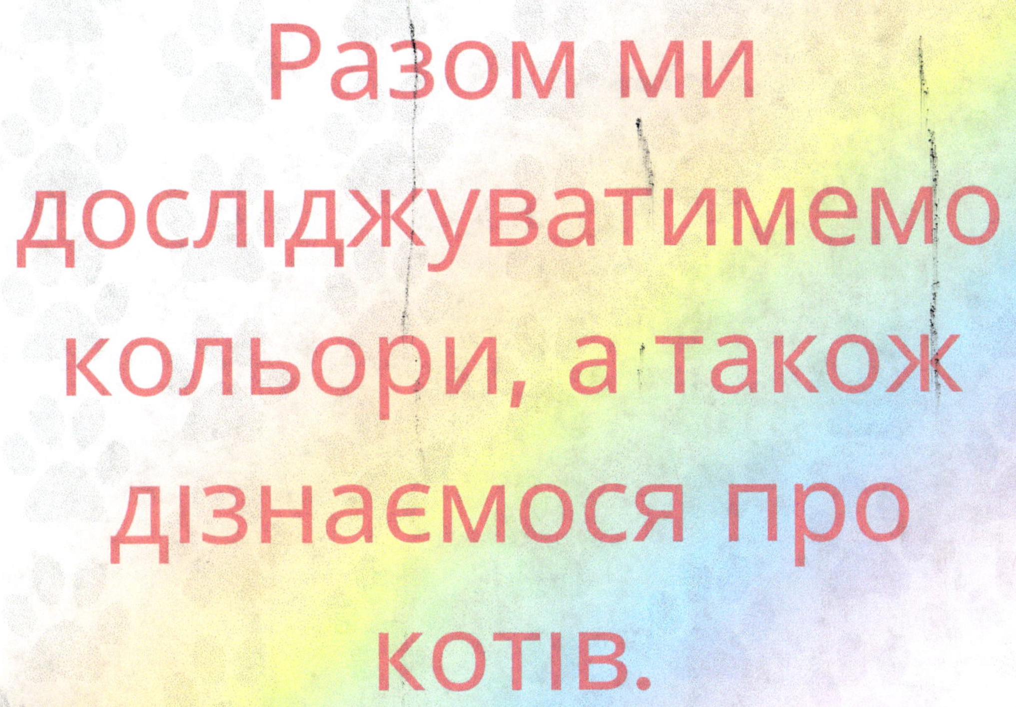
Разом ми досліджуватимемо кольори, а також дізнаємося про котів.

ЧЕРВОНИЙ

Руда, як абіссінська кішка.

ПОМАРАНЧЕВИЙ

Помаранчевий, як смугастий кіт.

ЖОВТИЙ

Жовтий, як сіамський кіт.

ЗЕЛЕНИЙ

Зелені, як очі єгипетської кішки мау.

БЛАКИТНИЙ

Синій, як російська блакитна кішка.

ІНДИГО

Індиго, як ця іграшка для котів.

ФІОЛЕТОВИЙ

Фіолетовий, як
нашийник
цього кота.

Тепер давайте
подивимося на
інші кольори
поза веселкою!

РОЖЕВИЙ

Рожевий, як кіт сфінкс.

КОРИЧНЕВИЙ

Коричневий, як бенгальський кіт.

БІЛИЙ

Білий, як
турецька ангора.

ЧОРНИЙ

Чорний, як бомбейська кішка.

СІРИЙ

Сірий, як британська короткошерста.

А тепер
давайте
подивимося,
чого ви
навчилися!

Якого кольору цей кіт?

Цей кіт оранжево-білий.

Якого кольору цей кіт?

Цей кіт сірий.

Якого кольору ці котячі очі?

Очі жовті.

Ти така розумна!
Завжди продовжуйте
вчитися і ніколи не
забувайте про свою
любов до навчання.